Les animaux de Lou

Reviens, Petit Lapin!

Des romans à lire à deux,
pour les premiers pas en lecture !

La collection Premières Lectures accompagne
les enfants qui apprennent à lire. Chaque roman
peut être lu à deux voix : l'enfant lit les bulles et
un lecteur confirmé lit le reste de l'histoire.

Cette collection a trois niveaux :

JE DÉCHIFFRE les bulles peuvent être lues par l'enfant
qui débute en lecture.

JE COMMENCE À LIRE les bulles peuvent être lues
par l'enfant qui sait lire les mots simples.

JE LIS COMME UN GRAND les bulles peuvent être lues
par l'enfant qui sait lire tous les mots.

Quand l'enfant sait lire seul, il peut lire les romans en entier,
comme un grand !

Un concept original **+** des histoires simples **+** des sujets
qui passionnent les enfants **+** des illustrations :
des romans parfaits pour débuter en lecture avec plaisir !

Cette histoire a été testée par Francine Euli, enseignante,
et des enfants de CP.

© 2013, Éditions Nathan, sejer, 25 avenue Pierre de Coubertin, 75013 Paris
Loi n° 49-956 du 16 juillet 1949 sur les publications destinées à la jeunesse,
modifiée par la loi n° 2011-525 du 17 mai 2011.
ISBN : 978-2-09-254031-2

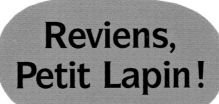

Reviens, Petit Lapin !

TEXTE DE MYMI DOINET
ILLUSTRÉ PAR MÉLANIE ALLAG

Sur le chemin de l'école, mademoiselle Cartable, la maîtresse, a trouvé un petit lapin blanc. Il semble tout perdu !
Les élèves veulent le garder en classe.

La maîtresse lui tend un bol.

Voici des radis !

Mais c'est bizarre,

le lapereau ne mange pas trop...

L'après-midi, quand Lou et ses amis reviennent de la cantine, la cage du lapereau est vide.
Catastrophe, il vient de s'échapper !

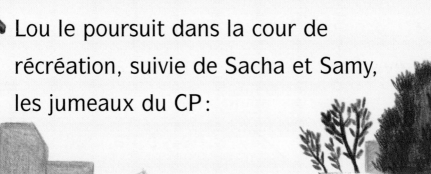

Lou le poursuit dans la cour de
récréation, suivie de Sacha et Samy,
les jumeaux du CP :

Reviens,
Petit Lapin !

Le lapereau se sauve et clapit.
Que veut-il dire ?

Heureusement, Lou a un super pouvoir.
Elle comprend le langage des animaux :
le lapereau veut revoir son maître.
Il lui donnait de si bonnes carottes !

Où est
sa maison ?

Petit Lapin passe par la grille
de l'école et disparaît !
Le cœur triste, Lou réfléchit
à ce grand mystère.

Dès que l'école est finie, Lou rentre
chez elle. Sans prendre le temps
de goûter, elle appelle Réglisse.

Il faut que sa brave chienne labrador
l'aide à retrouver le lapereau.
Réglisse renifle près de la maison
de Lou comme un chien policier.
A-t-elle une piste ?

Filons vite !

Soudain, Réglisse s'arrête.
Devant la boulangerie, il y a trois
crottes rondes comme des billes.
Pas de doute, le lapereau
est passé par là !

Puis Réglisse gambade jusqu'à l'animalerie. Devant la porte, il y a trois petits poils blancs. Lou entre dans le magasin de mademoiselle Croquette. Elle n'a pas vu le lapin.

Lou et Réglisse poursuivent leur enquête. Brusquement, monsieur Ali sort de sa boutique, très en colère :

Qui a mangé mes carottes ?

Ça, c'est un coup de Petit Lapin.

Le fripon doit se cacher tout près !

Mais il est déjà tard, les étoiles brillent.
Et, par-dessus les toits, une chouette
vole en grand silence vers le parc.

Intriguée par l'oiseau de nuit, Lou
entre aussi dans le parc. Soudain,
près du manège, Réglisse repère
un terrier. Lou se penche à l'entrée :

Es-tu là, Petit Lapin ?

Et zou ! Le lapereau se sauve.

Petit Lapin court plus vite que son ombre sous la lune ronde. Mais, tout à coup, la chouette s'abat sur lui, prête à l'attraper !

Réglisse, fais-la fuir !

La chienne vole aussitôt dans
les plumes de la chouette.
Mécontente, elle hulule.

Pour le dîner,
pas de lapinou,
hou, hou !

N'aie plus peur,
Petit Lapin !

Lou s'empresse de prendre le lapereau
dans ses bras. Le pauvre a eu chaud
aux oreilles.

Tout à coup, grrr !

Réglisse grogne !

Qu'a-t-elle entendu ?

Là-bas, derrière le toboggan, une ombre
à longue cape et grand chapeau s'avance.
Lou n'est pas rassurée. Mais c'est
bizarre, Petit Lapin, lui, ne tremble
même pas du museau…

L'homme à la cape accourt
avec une valise, et il se réjouit :

Te revoilà enfin,
mon lapin !

Le lapereau tend aussitôt ses petites pattes vers lui. Signe que monsieur Lucien, le magicien, est bien son maître !

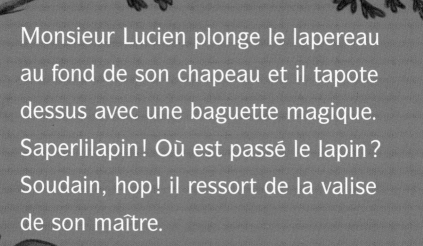

Monsieur Lucien plonge le lapereau
au fond de son chapeau et il tapote
dessus avec une baguette magique.
Saperlilapin! Où est passé le lapin?
Soudain, hop! il ressort de la valise
de son maître.

Bravo pour le numéro,
le lapereau mérite une carotte !
Lou le félicite :

Petit Lapin, toi aussi
tu es magicien !

Lou te dit tout sur le lapin

La famille s'agrandit vite

La lapine peut avoir 30 lapereaux en un an.
Quand ils naissent, ils sont tout nus, sans
poils. Au bout d'une semaine, un fin duvet
couvre leur peau rose. Pour bien grandir,
ils tètent leur mère pendant un mois.

Un terrier comme un labyrinthe

En liberté, les lapins vivent réunis en
plusieurs familles dans des terriers formés
par de nombreuses galeries. Dans chacune

des chambres, les lapines aménagent pour
leurs petits un nid fait avec des feuilles,
de l'herbe et des poils.

Des dents qui poussent tout le temps
Le lapin ronge à longueur de journée.
Ses dents de devant s'usent, mais,
heureusement, elles poussent toute sa vie.

Un vrai végétarien
Le lapin est herbivore. Dans la nature,
il mange de l'herbe, des graines,
des carottes et des racines. L'hiver,
quand il n'a plus rien à se mettre sous
la dent, il ronge l'écorce des arbres.

Très craintif
Ses ennemis sont les chasseurs, le renard,
la belette, l'aigle, le hibou, et parfois
aussi la chouette qui s'attaque aux
lapereaux. Quand il se sent menacé,
le lapin prévient les autres en tapant
le sol avec ses pattes arrière.

Bravo! Tu as lu un livre en entier !
Tu as aimé cette histoire ?
Retrouve Lou dans d'autres aventures !

premières lectures

N° éditeur: 10243224 – Dépôt légal: janvier 2013
Achevé d'imprimer en février 2018 par Pollina
(85400 Luçon, Vendée, France) - 83665